AF498118

OBSERVATIONS

POUR

LA VILLE DE LONGUION,

DU DÉPARTEMENT

DE LA MOZELLE.

En décrétant le 19 janvier dernier que la ville de *Longwy* seroit provisoirement le chef-lieu d'un district du département de la *Mozelle*, l'Assemblée Nationale s'est réservé d'en placer le tribunal à *Villers-la-Montagne* ou à *Longuion*.

Le but de ces observations est de justifier les droits de cette dernière ville à la préférence que l'intérêt public et les considérations les plus puissantes semblent lui assurer. La discussion dans laquelle on va entrer ne présentera pas un de ces grands objets qui fixent d'abord l'attention général; mais après avoir posé les bases de la félicité publique, il n'est pas indigne des législateurs de descendre dans les détails qui doivent contribuer à la maintenir.

On fera connoître d'abord la position respective des trois villes rivales, ensuite la consistance et les ressources de chacune ; on indiquera des localités essentielles à saisir, des inconvéniens à écarter, et ce sera de la comparaison de ces divers objets que la ville de *Longuion* attendra la confirmation de ses droits.

I. On ne peut déterminer la position géographique des trois villes, qu'en donnant une idée du district où elles sont situées.

Ce district, d'une figure très-irrégulière, est formé d'une bande de terre longue de plus de neuf lieues qui s'étend de l'*orient* à l'*occident* ; borné dans toute sa longueur par les frontières du *Luxembourg*, il suit toutes les sinuosités qu'elles présentent. Sa longueur est très-inégale, elle varie depuis moins d'une lieue jusqu'à près de six lieues. Il doit sa plus haute latitude à un embranchement qu'il forme entre le district de *Briey*, d'un côté, et les limites du département de la *Meuse*, de l'autre.

Villers-la-Montagne est situé à environ trois lieues et demie de l'extrêmité orientale du district.

Longwy est placé à une lieue et demie presqu'au nord de Villiers-la-Montagne ; plus éloigné de l'extrêmité orientale que ce dernier, il a le désavantage de ne pas se rapprocher en proportion de la partie qui s'étend à l'occident du district.

Longuion est situé à trois lieues de l'extrêmité occidentale.

Jusques là et sous ce premier aspect, il est évident que les trois villes sont dans une parité presqu'absolue de rapports : placés à-peu-près au tiers de la surface du district, toutes trois excentriques, elles partagent la défaveur qui résulte de cette situation : elles ont encore cela de commun, qu'elles touchent presqu'également à la ligne séparative du district ; les deux premières vers l'étranger, et l'autre vers le département de la *Meuse*.

Il n'y auroit donc presque point de différence entre leur position respective si le district, considéré dans sa largeur, offroit une proportion mieux graduée dans ses différens rayons ; et si les lignes de sa surface, qui corres'pondent dans la partie occidentale, aux lignes de la partie orientale , avoient la même étendue dans leur latitude ; mais cette proportion, le terme de la perfection dans tout arrondissement, et que la nature elle-même avoit pris soin d'établir pour celui-ci par l'heureuse disposition des limites qu'elle avoit tracées , est rompue par les bornes du département voisin qui viennent resserrer tout-à-coup le district dans sa même partie occidentale.

De-là la différence qui existe entre les trois villes quant à leur situation : différence à la vérité peu considérable entre Longwy et Longuion , plus sensible entre ces deux villes et Villers-la-Montagne , mais qui ne se réduit pourtant qu'à seize ou dix-huit villages qui sont plus rapprochés de cette *Bourgade*.

C'est sur cette différence qu'elle a bâti le système de ses prétentions. On ne sera pas surpris d'après cela qu'elle ait cherché à étendre l'avantage qu'elle a cru y appercevoir , en présentant un tableau du calcul comparatif des distances des villages du district à chacune des trois villes , tableau dont la précision n'est certainement pas le premier mérite. On ne la suivra pas dans ces détails ; ce sera sur la carte et le compas à la main, qu'on s'occupera, s'il le faut, d'une évaluation pour laquelle il n'a visiblement pas été employé. On examinera dans le cours de la discussion les inductions qu'on peut tirer de la position des trois villes relativement à leurs prétentions respectives. On passe maintenant à l'exposition de l'état politique de la ville de Longuion.

II. On ne cherchera pas dans de vieilles chartres, ni dans quelques passages de l'histoire de la province, ce qu'a été la ville de Longuion. Qu'elle soit très-ancienne , que les princes y aient quelquefois fait leur résidence , qu'on y ait frappé monnoie, tout cela peut être très-indifférent pour le succès de ses réclamations ; c'est dans ce qu'elle est aujourd'hui qu'on trouvera ses titres.

Sa position est très-agréable ; elle est située au confluent de deux rivières , dans une vallée assez ouverte, où l'on respire constamment un air pur ; une grande route, celle de la capitale aux frontières du *Luxembourg*, la traverse et en rend l'accès facile dans tous les tems. D'autres routes commencées dans diverses parties de la province doivent aboutir à celle-là à peu de distance de la ville : et il ne faut qu'une légère dépense pour établir une communication entre cette route et celle nouvellement pratiquée dans la partie voisine du *Luxembourg*, et qui doit se prolonger jusqu'aux *Pays-bas Autrichiens*. Les fausses terreurs d'une politique ombrageuse auroient pu servir autrefois de prétexte à quelqu'intérêt particulier pour combattre ce projet ; mais au moment où la Nation s'éclaire sur ses vrais intérêts, et où il suffit que des vues soient utiles pour être accueillies, l'on ne peut douter qu'il ne soit adopté. Cette situation désigne la ville de Longuion pour l'emplacement d'une douane.

Sa population est de 400 feux, ou de près de 2000 ames ; ses citoyens notables sont en grand nombre ; sa contribution directe à l'impôt est proportionnée à sa population. Elle paie, tant en impositions personnelles que foncières, 8,284 livres et verse dès-lors dans le trésor public 4,712 l. plus que Villers-la-Montagne, et 22 livres plus que Longwy et ses dépendances.

Son commerce au-dehors est borné, et ne consiste guères que dans la vente des fers qui se fabriquent dans les vastes et superbes forges qu'elle renferme. Ce commerce concentré dans les mains du seul propriétaire de l'usine, influe peu sur la prospérité réelle de la ville ; mais il étend ses relations avec les campagnes voisines. Les matières premières que leurs habitans amènent sur les lieux, les fers qu'ils en exportent au loin, tous ces détails entretiennent une communication non interrompue entr'elles et la ville.

Aux causes qui multiplient ses rapports avec la contrée, et même avec les contrées adjacentes, il faut joindre l'entrepôt du sel qui y est fixé. C'est chez elle que les villages de sept à huit lieues à la ronde viennent s'approvisionner de cette denrée de première nécessité : de-là de fréquens voyages, et un mouvement presque continuel entr'elle et les parties les plus éloignées du district.

Longuion a toujours été le centre des affaires d'un arrondissement plus ou moins considérable, d'abord chef lieu d'une prévôté , il est devenu dans la suite le siege d'un bailliage royal, qui comprend plus de 10,000 justiciables. C'est aussi dans son sein que l'administration de son ressort et du ressort du bailliage de Villers-la-Montagne étoit fixée. Il comptoit encore parmi ses établissemens un chapitre composé de sept chanoines que la suppression qui vient de frapper ces corps lui enlève.

Ces divers établissemens , en appellant dans son enceinte plusieurs familles notables , ont influé d'une manière très marquée sur sa situation intérieure. On a vu s'y élever plusieurs maisons parfaitement bien bâties , qui offriront toujours des logemens commodes. L'industrie s'y est développée ; nombre d'auberges y ont été établies pour recevoir les étrangers ; en un mot toutes les ressources, toutes les commodités nécessaires à la vie s'y trouvent rassemblées.

Enfin la ville de Longuion a un hôtel-de-ville en bon état : la salle où se tiennent les audiences est vaste , et répond à l'importance de sa destination ; les prisons civiles et criminelles ont été entièrement reconstruites l'année dernière , et offrent un local également sûr et sain. Elle a des revenus annuels fondés sur la perception de ses *octrois* , elle en a d'autres attachés à la vente de ses bois ; ce qui lui donne la faculté et les moyens de faire toutes les dépenses nécessaires à son embellissement.

Les convenances qui résultent de ces différentes localités , ne permetent pas de douter que la ville de Longuion soit propre à recevoir le tribunal du district. L'on ajoute que si elle ne l'obtenoit pas , sa ruine seroit certaine. En effet , n'étant nullement agricole , et son commerce étant très-resserré , son existence tient aux établissemens publics qui peuvent seuls lui assurer une population notable. Déjà sous cet aspect il est évident que l'intérêt public se lie à sa demande.

Mais ce n'est pas assez , il faut prouver qu'un intérêt plus général ne s'y oppose point. Il faut , en revenant sur sa position géographique , et sur celle de ses rivales , en examinant leur localité et leurs ressources , démontrer que sous tous les rapports l'utilité commune s'accorde avec sa pétition.

L'on fait hommage au principe. L'on sait que le vœu de l'Assemblée Nationale n'est pas équivoque. Elle a voulu , en procédant à une nouvelle division des provinces , rapprocher l'administration des administrés , la justice des justiciables. Elle a voulu que le pauvre pût invoquer la loi avec autant de facilité que le riche. Sans doute il faudroit proscrire une prétention qui contrarieroit ce vœu , et dont l'effet seroit de faire revivre sur une partie de l'empire des abus auxquels on a cherché un remède dans cette nouvelle division : il faudroit se hâter d'écarter le contraste affligeant que présenteroit cette portion qui avec un droit égal aux bienfaits de la régénération , n'auroit pas les mêmes avantages que le reste du royaume.

Mais ce n'est pas à ces traits qu'est marquée la pétition de la ville de Longuion. elle n'est pas , relativement aux communautés du district , au-delà de ces limites que la nature même des choses a fixées comme le terme de toute bonne administration de la justice , et hors desquelles elle devient impossible. Elle n'est qu'à six lieues des points du district les plus éloignés d'elle : à cette distance , les relations qui s'établissent entre le tribunal et les plaideurs sont faciles , les déplacemens peu considérables et peu frayeux ; le citoyen peut rentrer le soir dans ses foyers qu'il a quitté le matin , ou s'il est forcé quelquefois de séjourner dans le chef-lieu , il ne l'est jamais de le faire sur la route : en un mot à cette distance , nul ne peut être exposé à sacrifier son droit aux dépenses ou à la perte de tems qu'il lui faudroit pour l'exercer

Ce n'est d'ailleurs qu'un très-petit nombre de villages qui sont à cette distance : ils ne forment pas entr'eux une masse de plus de 400 citoyens actifs. Les autres sont tous compris dans un cercle qui n'a pas plus de quatre lieues et demie de rayon , à partir de Longuion , c'es-à-dire dans le plus petit espace qu'il soit possible d'imaginer.

Mais veut-on une preuve sans replique , que la distance où sont les communautés les plus éloignées de Longuion n'est pas hors des proportions d'une bonne administration ? Elle se trouve dans les décrets de

l'Assemblée Nationale, dans les sous-divi-
sions qu'elle a adoptées où des villages sont
dans un éloignement bien plus considérable
du chef-lieu qu'ici : et plus près encore,
dans la disposition provisoire qui a rendu
la ville de Lonwy chef-lieu du district,
puisqu'il est certain que cette ville est aussi
à près de six lieues de quelques points de
l'arrondissement. Or où trouver une règle
plus sûre de ce qn'on peut, de ce qu'on doit
faire que dans les décisions mêmes de l'Assemblée ?

Il est donc constant qu'en plaçant le tribunal à Longuion, l'on conserveroit les
rapports qui lient la bonne administration
de la justice à la distance où les justiciables
en sont placés. Si cette conséquence est
certaine, l'avantage qu'a Villers-la-Montagne de se rapprocher un peu plus du
centre, ne sauroit la détruire ni écarter les
droits de la ville de Longuion.

I I I. D'abord, Villers-la-Montagne offre
aussi l'inconvénient, si c'en est un, de
laissser quelques communautés à près de
six lieues de lui, et toute la différence qu'il

y a entre cette bourgade et Longuion , c'est que se trouvant placée dans un rayon plus étendu, elle compte à sa portée quelques villages de plus.

Mais cette différence paroîtra bien peu concluante , si l'on considère que dans la gradation que présente le nouvel ordre judiciaire, des jurisdictions et des compétences , la plupart des contestations seront jugées en dernier ressort par les juges de paix. En effet , l'attribution qui leur est accordée , confie d'une part à leur intégrité une balance où ils pèseront et fixeront irrévocablement les objets dont la valeur n'excédera pas 5o livres , et en général tous ceux dont l'espèce n'exige en quelque sorte que des sens pour être appréciés ; et de l'autre leur donne la connoissance de contestations plus importantes sur lesquelles ils ne porteront à la vérité que des jugemens sujets à l'appel, mais qui deviendront souvent des arrêts par la docilité avec laquelle les parties y déféreront. Tel du moins , doit être l'effet de la confiance qui aura revêtu les juges de paix de ce caractère respectable.

Or, pour se convaincre que le nombre

des affaires qui échapperont à la souveraine compétence du juge de paix sera très-borné , il suffit de montrer la campagne peu-plée en général de citoyens estimables par leurs mœurs , mais dont la majeure portion est souvent plus près de la misère que de la médiocrité : cela est vrai sur-tout dans le district de Longwy , où l'on trouve à peine quelques fortunes honnêtes pour contraster avec les très-foibles moyens du grand nombre qui ne vit que du produit de son travail. Or tout le monde sait que ce n'est pas de l'inertie de l'infortune , ni de l'agitation d'un travail exténuant et nécessaire que naissent ces incidens par lesquels s'allument les procès sérieux. Quelques répétitions de salaires , quelques anticipations de terrein , formeront presqu'entièrement la masse des affaires contentieuses , et le juge de paix les terminera sur les lieux par une décision absolue.

Il en naîtra d'autres sans doute , malgré la nullité du commerce , malgré la rareté des conventions importantes ; mais en quel nombre pourront-elles intéresser les communautés peu nombreuses de l'extrêmité orientale du district les plus éloignées de Longuion? On en comptera peut-être dix dans le cours d'une année. Le petit nombre de voyages qu'elles nécessiteront pourroit-il devenir l'objet d'une spéculation sérieuse, quand l'intéret du pauvre est à couvert, et que le foible inconvénient d'un plus long espace à parcourir ne doit frapper que sur les gens aisés entre lesquels seuls les contestations de ce genre peuvent s'élever.

Le moyen que Villers-la-Montagne se fait de sa situation paroît donc bien foible quand on le réduit à ses vrais termes; et il peut d'autant moins frapper qu'il ne le doit, comme on l'a fait pressentir, qu'à la combinaison vicieuse des limites du département de la Meuse et de la Mozelle, laquelle a distrait du bailliage de Longuion la partie méridionale de son ressort, pour la réunir au district d'Etain.

Il doit être permis de le dire, et des observations faites dans l'intérêt général ne sauroient blesser le respect dû à l'Assemblée Nationale : cette opération n'a pu se faire sans violer les convenances physiques qui la combattoient, sans briser des rapports essentiels que ces convenances avoient produits. Tout en sollicite donc la réforme, et les moyens en ont été préparés par la sagesse de l'autorité, qui n'a adopté cette distribution qu'en laissant une voie ouverte aux observations de ceux qu'elle pourroit grever.

Les communautés qu'elle intéresse n'ont pas attendu jusqu'ici pour présenter leurs respectueuses réclamations; elles ont prouvé, dans un mémoire adressé à MM. les députés des deux départemens, d'un côté, combien la coupe bizarre qui les excluoit du district de Lonwy en rendoit la forme irrégulière. Elles ont exposé de l'autre combien cela leur étoit préjudiciable ; elles ont indiqué les moyens d'opérer les échanges propres à rétablir les choses dans l'ordre; elles ont fait marcher de front, et l'intérêt général, et leur intérêt particulier ; elles ont prouvé que les administrés de toute cette partie des deux départemens trouveroient un avantage marqué dans les restitutions respectives qu'elles proposoient, qu'ils retrouveroient des habitudes chères, des relations indispensables, qu'enfin les districts auroient plus d'ensemble dans leur arrondissement.

Si

Si malgré l'évidence des motifs qui les com-
mandoient , si malgré l'assentiment que
MM. les députés ne leur ont pas refusé, ces
échanges n'ont pas été effectués, c'est qu'un
intérêt supérieur a forcé d'en renvoyer l'examen aux départemens, où ils n'auront besoin que d'être présentés pour être accueillis.

Quel sera le résultat de cette rectification
à l'égard de la ville de Longuion ? Elle re-
prendra tous les avantages de sa situation,
elle acquerera à cet égard une supériorité
décidée sur la ville de Longwy , et un équi-
libre parfait se rétablira entre elle et Villers-
la-Montagne.

On conçoit que l'intérêt personnel s'élé-
vera contre un plan qui le contrarie , qu'il
traitera de chimérique un projet qui le blesse ;
mais les clameurs de l'intérêt personnel n'ar-
rêteront pas la sage prévoyance de l'Assemblée.

Au reste , ce n'est pas pour écarter le pré-
sent qu'on jette un regard sur l'avenir ; et
quand la nécessité des échanges , entre les
deux départemens, ne seroit pas portée jusqu'à l'évidence ; quand il seroit possible que
la démarcation actuelle pût subsister malgré

tous ses vices , et que les communautés qu'elle déplace , sourdes au cri de l'intérêt le plus pressant, cessassent d'en solliciter la réforme ; quand , enfin , l'avantage qui pourroit en résulter pour Villers-la-Montagne , acquéreroit une importance qu'il n'a pas, il ne pourroit encore prétendre à l'établissement du tribunal ; son existence politique condamnera toujours son ambition.

Ce n'est pas assez, pour fixer un tribunal, dans un lieu quelconque, qu'il soit au centre de l'arrondissement , la convenance déterminée par la centralité est sans doute bien respectable : elle ménage les pas du citoyen qui vient chercher la justice , elle économise un tems précieux ; sous cet aspect, elle méritera toujours l'attention du législateur ; mais pour prendre un caractère vraiment décisif, elle a besoin de plus , de s'appuyer sur ces convenances locales qui rendent un lieu propre à recevoir un établissement ; si ce lieu est privé des moyens , des ressources qui forment ces convenances, il est clair que l'avantage qu'il doit à sa position géographique , quel qu'il soit , ne peut plus être d'aucune considération.

Or ces moyens, ces ressources ne se trouvent que dans les villes et les lieux considérables ; et s'il faut convenir que la justice, ainsi que l'administration, ne doit pas moins étendre sa salutaire influence sur les campagnes que sur les villes, il n'est pas moins vrai que son siége ne peut être placé que dans les lieux qui ont quelque importance. Il y auroit même du danger à le placer ailleurs. C'est sur-tout par l'imagination qu'on parle aux hommes. Et la justice a besoin de s'entourer de ces dehors qui impriment le respect en frappant les sens. Si l'on prenoit un village pour y élever son temple, ne seroit-il pas à craindre que le peu de considération que mériteroit l'emplacement, n'influât dans l'esprit du peuple, sur l'opinion qu'il prendroit de la justice elle-même ? Encore froissé des abus sans nombre qui l'accabloient de toutes parts, lorsque le droit de juger attaché à la possession d'un fief, et devenu le patrimoine de quelques familles, peuploit les campagnes de juges et de praticiens, ne seroit-il pas tenté, en voyant les ministres de la loi, à la même place que les anciens *jugeurs*, de confondre les tems et les idées ? Et ces hommes nouveaux, ces hommes de sa confiance, ne seroient-ils pas quelquefois pour lui, ces *juges de villages*, dont il se hâtoit de décliner la jurisdiction dès qu'il trouvoit jour à le faire ?

On supprime, pour abréger, d'autres considérations non moins puissantes qui achèvent de démontrer la nécessité, de porter les établissemens publics, dans les lieux considérables. Il suffit d'observer que l'Assemblée Nationale a consacré ce principe, dans ses décrets sur la division du royaume. Pourquoi voit-on souvent, à l'extrêmité de son enclave, et sur la ligne même de démarcation, le chef-lieu d'un district ? C'est qu'il a fallu le prendre où il se trouvoit. Sans le respect que commandoit cette impérieuse convenance, croit-on qu'on n'auroit pas vû proposer et se réaliser un plan qui, divisant l'empire en autant de portions égales, auroit placé par-tout le centre des affaires, au centre de la surface de chaque arrondissement ?

Quel est donc l'état politique de *Villers-la-Montagne ?* et quel rang tient-il parmi les cités du département ? L'idée la plus exacte qu'on puisse en donner, est celle qu'il faut prendre d'un village, où la simplicité des champs a conservé ses premiers caractères, et où les attributs de l'agriculture distribués de toutes parts, annoncent la destination et l'emploi, le seul emploi de ses habitans.

La dénomination de ville qu'il a prise et qu'on lui a donnée depuis quelque tems, ne prouve que l'abus des qualifications. Elle peut tromper, elle peut séduire au loin, elle est impuissante sur les lieux où tout en dénonce le ridicule.

1°. Il ne renferme pas plus d'une centaine de maisons, basses, couvertes de chaume, parmi lesquelles s'en élève trois ou quatre à un étage, occupées par autant de gens de loi ; ce sont les seuls bâtimens de ce genre qu'on remarque à Villers-la-Montagne, et qui dans plus d'un village du district ne feroient que contribuer à la régularité.

2°. Il ne compte que cinq à six cens habitans. L'on se formera une idée de sa population notable, sur l'état de la contribution de ses ci-devant privilégiés, pour les six derniers mois de 1789, on assure qu'il se porte à 90 livres.

3º. Ses impositions directes ne s'élevoient en 1789, qu'à 3,572 livres. Et ce qui prouve qu'en lui donnant le titre de ville, on ne l'a jamais considéré comme telle, c'est que contrairement à ce qui a lieu dans toutes les villes, les propriétaires n'y payent point le vingtième de leurs maisons, dont les villages sont affranchis. On n'y paye point non plus cet impôt qui frappe sur les arts, et qui est connu sous le nom même de l'industrie qu'il avilit.

4º. On a déja annoncé quels sont les habitudes et les travaux de ses habitans. Placés au milieu des champs, ils se trouvent dans l'heureuse nécessité de féconder une plaine qui est à leur porte et qui s'étend au loin : ils se livrent donc presque tous aux travaux de l'agriculture ; il n'y a aucune autre espèce de commerce que la vente des grains qu'ils recueillent; nulle ressource pour les arts, aucun genre d'industrie. Les premières commodités de la vie y manquent au point qu'il n'y a pas même de boucher, ni de boulanger. Aussi est-on obligé de sortir pour se procurer les choses les plus ordinaires.

5°. Sans foires, sans marché, ses relations avec la campagne se bornent aux courtes apparitions qu'y font de tems en tems quelques plaideurs. Il n'est pas besoin de dire qu'ils n'y trouvent pas des commodités qui se refusent à ses habitans. A peine y a-t-il une méchante taverne pour les recevoir.

A cet état de nullité se joint une cause qui doit l'entretenir constamment : la nature refuse de l'eau à *Villers-la-Montagne* pendant six mois de l'année ; et dans tous les tems ses habitans sont forcés de faire plus de cinq quarts de lieues pour faire moudre leurs grains. Ce manque d'eau, outre l'incommodité habituelle qui en résulte, peut avoir des conséquences d'autant plus terribles, que le chaume dont les habitations sont couvertes, les expose à de plus fréquens incendies. Que deviendront alors les dépôts publics et le sort d'un grand nombre de familles qui y est attaché ! Et ce n'est pas ici un péril imaginaire, ni une vaine terreur ; le passé justifie ces craintes. En 1785, un incendie éclata, plusieurs maisons furent la proie des flammes ; et si tout *Villers-la-Montagne* ne fut pas consumé, il ne dût son salut qu'au zèle et à l'activité de la garnison de *Longwy*. Pense-t-on que dans un malheur de ce genre, qui peut se renouveller tous les jours, où chacun voit une partie de sa fortune et quelquefois tout son avoir compromis ; au milieu du désordre et de l'agitation que produit l'envie d'en sauver une partie, quelqu'un songea à tirer du danger des papiers qui ne sont la propriété de personne.

Mais, est-ce donc sérieusement qu'on propose d'établir le siége d'une jurisdiction qui s'exercera sur près de six mille citoyens actifs, dans un lieu qui n'en compte pas cent cinquante ? Sera-ce dans cette humble enceinte, à peine couverte d'une centaine de chaumières, qu'on proposera au citadin de venir recevoir la suprême décision de ses droits ? Mais où habitera ce nombre d'hommes de loi qui s'attache ordinairement aux grands tribunaux ? Ceux que la confiance publique aura placés parmi les juges ? Mais où le tribunal lui même tiendra-t-il ses séances ? Le palais de justice à *Villers-la-Montagne* pouvoit peut-être suffire lorsque les justiciables étoient peu nombreux, et les contestations proportionnées à leur nombre;

il ne sauroit convenir à la dignité des audiences du nouveau tribunal , ni suffire aux
besoins d'un ressort infiniment plus étendu.
De-là la nécessité d'une nouvelle construc-
tion , et la charge d'un nouvel impôt qui péseroit sur la totalité du district ; car *Villers-
la-Montagne* n'a aucune espèce de revenu
public. La dépense sera encore doublée par
la reconstruction des prisons , que leur peu
d'étendue et leur délabrement mettent hors
d'état de servir. Quel sera l'avantage qui
couvrira cet appareil et les frais qu'il entraî-
nera ? La justice sera un peu plus rapprochée
d'une partie des justiciables ; mais si en dernière analyse , c'est-là le motif qui doit pré-
valoir au prix de tant de sacrifices ; il exclut
évidemment *Villers-la-Montagne.* Puisqu'il
faut tout créer , tout édifier , pour le rendre
propre à recevoir le tribunal ; il existe des
villages qui ne lui cèdent , ni en étendue ;
ni en population , et qui ont l'avantage d'être
précisément au centre du district , et dans
une position bien plus agréable. Pour être
conséquent au principe , c'est-là qu'il faut
fixer le tribunal.

Dira-t-on que *Villers-la-Montagne* a de

plus que ces villages une jurisdiction, quelques hommes de loi, etc. etc.? Mais alors c'est rentrer dans le cercle des convenances particulières, et l'on sacrifie la règle à l'intérêt de quelques individus. Au fond la possession de *Villers-la-Montagne* à l'égard de sa jurisdiction ne date pas de fort loin. En 1718, il étoit, comme le dernier hameau du district, sans autre jurisdiction que celle de son Maire, bornée à quelques détails de police. Ce ne fut qu'en cette année que le duc de Lorraine ayant cédé à la France la ville de *Longwy* et sa banlieue, l'on fit, des démembremens de sa prévôté, une prévôté dont le siege fut fixé d'abord à la *Grandville*, et ensuite à *Villers la-Montagne*. Cette nouvelle prévôté fut érigée en bailliage en 1751. Voilà l'époque de ses titres.

La possession de *Villers-la-Montagne* seroit plus ancienne qu'elle ne dispenseroit pas d'examiner, s'il peut recevoir aujourd'hui le tribunal du district. Dans le fait, quand le fisc qui corrompoit toutes les institutions, dénaturoit la plus importante de toutes, en couvrant la Lorraine de Bailliages, et en créant une multitude de nouveaux offices , il falloit bien trouver des chefs-lieux, et à défaut de villes se contenter de villages , ou renoncer à cette opération *financière*. Le ressort de ces tribunaux étant d'ailleurs très-resserré , et les relations qu'ils devoient produire devant suivre la même mesure , l'on pouvoit alors , sans trop d'inconvénient, en fixer le siege dans la campagne ; mais aujourd'hui que ces rapports sont changés , que les relations vont se multiplier , que les tribunaux de districts vont acquérir une importance que n'avoient pas les bailliages sous l'ancien régime , proposer de prendre pour règle de ce qu'on doit faire ce qu'on fit alors , c'est proposer de consacrer un abus.

Quand on demande que le tribunal soit placé à *Villers-la-Montagne* ; l'on ne réfléchit pas assez combien l'administration de la justice en souffriroit. L'un des articles du nouvel ordre judiciaire , a naturalisé dans l'empire, la belle institution des jurés au criminel. Il est vraisemblable que ces hommes de la loi qui doivent rassurer l'innocence , seront pris ordinairement près du tribunal. Tous les citoyens seront sans doute appellés à remplir ces fonctions honorables; mais il est probable encore qu'il seront choisis le plus souvent parmi ceux dont une éducation plus soignée, garantit les lumières et le bon sens, et à qui un genre de vie plus aisé, laisse plus de tems à donner à la chose publique. Ces hommes ne sont pas très-communs par-tout ; ils doivent être rares à *Villers-la-Montagne*, où la population notable est extrêmement bornée. Il arrivera donc ou qu'il faudra aller chercher des jurés au loin, ou qu'il faudra les prendre sur les lieux parmi des hommes qui étant moins propres à la chose, auront moins de tems à lui sacrifier. Prévoit on les embarras, les lenteurs qui naîtront de là pour retarder la marche de la justice, ou l'activité plus funeste qui prendra quelquefois leur place?

Enfin on répète que Villers-la-Montagne est essentiellement agricole, que c'est dans la culture et des travaux que rien ne peut interrompre, sans tromper l'attente de la société, et sans que tous en souffrent, que la nature a placés le bonheur et la prospé-

rité de ses habitans. Il importe donc de les
sauver du danger de ces fausses spéculations
qui détourneroient leur industrie et leur
activité sur des objets étrangers à leur destination. L'établissement du tribunal qu'on
sollicite en leur nom , seroit infailliblement
suivi de cet effet désastreux, pour eux et
pour la société. Si l'institution de ce genre
qu'ils possèdent aujourd'hui, n'a pas empê-
ché l'agriculture de fleurir , c'est que son
peu d'importance en a heureusement an-
nullé l'influence.

Tout s'accorde donc à repousser des prétentions qui n'auroient jamais dû paroître.

I V. Combattre les prétentions de la ville
de Longwy, n'est-ce pas plutôt motiver l'exclusion qui paroît résulter contre elle de la
disposition, par laquelle l'Assemblée Nationale s'est réservé , de *placer le tribunal ,
soit à Longuion , soit à Villers-la-Mon-
togue* , que chercher à résoudre une question indécise ? Il est d'autant plus permis de
le penser que plus on pèse les termes de ce
décret préliminaire, mieux on se confirme
dans l'opinion qu'ils ne peuvent avoir qu'un

sens rigoureusement restreint par les bornes nominales qui lui ont été données. Or, Longuion et Villers-la-Montagne ont été désignés seuls pour concourir à l'obtention du tribunal ; c'est donc entr'eux seuls aussi, qu'on a laissé flotter des droits, à fixer par par un examen ultérieur, et auxquels la ville de Longwy ne peut participer, puisqu'elle est restée hors du cercle où ils ont été circonscrits.

Si cependant l'on veut que cette exclusion ne soit pas formellement, explicitement prononcée, au moins faudra-t-il convenir qu'elle résulte toujours du décret, et que la disposition qui a réservé les droits de *Villers - la - Montagne* et de *Longuion*, a, par cette seule réserve, préjugé la division des établissemens. Longwy ne peut donc demander l'un sans avouer qu'il renonce à l'autre.

Cette division des établissemens publics, prévue depuis six mois, et déjà exécutée ailleurs, est fondée en général sur un principe où reposent en quelque sorte l'égalité et la liberté, et en particulier sur l'impossibilité d'accumuler deux administrations dans la ville de Longwy.

En général, l'Assemblée Nationale a fait de l'exacte distribution des avantages sociaux, la base d'une constitution où sa sagesse restera à jamais empreinte. Elle a déclaré, par un premier décret, que les hommes naissoient et demeuroient *libres* et *égaux en droits*; elle a détruit ces privilèges odieux qui trompoient leur vœu commun, et toutes ses opérations ont été la suite et l'enchaînement, de ce premier fruit de ses lumières et de sa prudence.

Mais pour n'être point illusoire, ce principe d'égalité, si fécond en conséquences, ne doit pas moins s'appliquer aux villes qu'aux individus.

De-là la nécessité de diviser entre celles d'un même département, ou d'un même district, les divers établissemens publics.

Car si on les réunissoit sans nécessité dans une seule ville, ce seroit diriger vers elle toutes les richesses, frustrer l'autre de ses droits, et faire revivre conséquemment ces privilèges anéantis, qui pour appartenir à une communauté n'en seroient peut-être que plus odieux.

Cependant , comme il faut dans tout sys-
tême bien ordonné que tout se rapporte à
l'utilité commune : le principe de la division des établissemens publics doit lui être
subordonné dans son application. Si dans
un district , cette division étoit contraire à
l'intérêt public , il n'y auroit pas sans doute
à balancer entre le sacrifice de la prospérité
particulière d'une ville , et ce qu'elle coûte-
roit au reste de la société. Mais il ne peut y
avoir d'exception à la règle que celles qui
sont commandées par le plus grand bien de
tous.

Et ces maximes , faut-il répéter que l'Assemblée Nationale les a également consa-
crées , puisqu'elle a déjà prononcé le partage
des établissemens entre différentes villes. Si
l'invariabilité dans les principes qu'elle a
adoptés a toujours été la règle de ses décisions , il doit être permis de penser que son
décret ne sera pas une dérogation à ce qu'elle
a déjà préjugé.

Il ne seroit question pour la ville de Longuion, que de prouver que ses réclamations
ne sont point opposées à l'intérêt général ,
si ce qu'on a dit de sa position n'avoit levé

toute

toute espèce de doute sur ce point : on n'a-
joutera qu'une seule observation.

Longvvy et *Longuion* , c'est-à-dire les
deux seuls lieux du district qui puissent
raisonnablement prétendre aux établissemens publics, sont excentriques ; mais le
hasard les a plus ou moins éloignés ou
rapprochés des différens points de l'arrondissement. *Longvvy* est plus près de la
partie orientale , *Longuion* de la partie
occidentale. Les villages qui sont plus à la
portée de l'un ou de l'autre , se balancent
à-peu-près par le nombre , l'étendue, la
population , ou du moins la différence est
trop foible pour donner à l'une des deux
villes , une supériorité décidée sur l'autre.

Au milieu de ce jeu du hasard , et dans
l'impossibilité de trouver un lieu propre qui
laisse les différens points du district à une
distance égale du centre des affaires ; quelle
est la marche que la raison trace pour la
fixation des établissemens ? Il n'en est qu'une
qu'elle puisse avouer , et c'est celle qui
tend à les diviser. On ne peut en effet com-
penser l'inégalité de l'espace et la différence
des rayons , que par un partage qui appelle

C

les citoyens de tous le district , tantôt dans un lieu , tantôt dans un autre , suivant la nature et la diversité de leurs intérêts. Ainsi par exemple , celui qui aura six lieues à franchir , pour terminer un objet au directoire , n'en aura que trois , pour suivre une affaire , près du tribunal , et réciproquement. Cette division dont l'effet sera de rendre la condition de toutes les parties du district parfaitement semblable , et de rectifier par l'exacte distribution des inconvéniens et des avantages , les vices d'une aveugle et fortuite combinaison , peut seule concilier tous les intérêts. Eh quoi de plus propre que ce partage, à réveiller sans cesse ces douces idées d'union et d'égalité que la révolution doit faire germer dans tous les esprits !

Quel sentiment pénible , au contraire , ne produiroit pas une réunion opérée malgré tous les motifs qui la condamnent ! Les cantons qu'elle éloigneroit également et de l'administration , et de la justice , ne verroient-ils pas , dans la conviction de ce qu'ils croyoient leurs droits , cette espèce d'oubli seus les traits même de l'injustice ! sans cesse éveillés par une comparaison douloureuse , les rivalités , la jalousie ne prendroient-elles pas la place de la paix et de la concorde qui doivent régner entre des frères ? Et si c'étoit la partie où est la ville de *Longuion* qui fût ainsi disgraciée , combien le sentiment de sa disgrace ne s'aigriroit-il pas encore par le souvenir qu'elle avoit près d'elle , et pour parler ainsi , à sa porte , ce qu'elle doit acheter au prix des courses les plus fatigantes ?

L'on pourroit s'arrêter là , mais il faut prouver encore , en interrogeant les localités , que la réunion des deux étab'issemens sollicitée par la ville de *Lougvvy* ne peut s'effectuer.

Si l'on mesuroit sa consistance et ses ressources sur son ambition , l'on pourroit croire que c'est une de ces grandes villes , où une nombreuse population exige une surveillance toujours active , et appelle par elle seule , la présence de l'administration , ou un commerce immense et une immense complication d'intérêts demande encore ces moyens prompts de conciliation qui naissent du rapprochement des tribunaux ; mais plus ces idées sont grandes , plus ce tableau est magnifique , et plus ils contrastent avec l'étroite enceinte qu'on a décorée du nom de ville de *Longvy*. Ce n'est effectivement , littéralement , qu'un fort , qu'une citadelle destinée à arrêter les premières incursions de l'ennemi sur la frontière. Cet espace si resserré , qu'on peut à peine le comparer au *jardin des Thuileries* pour l'étendue , présente d'abord une grande place servant aux évolutions militaires , ensuite plusieurs corps de cazernes , un hôpital , un arsenal ; enfin tous ces bâtimens que le service des places de guerre exige. L'on conçoit que ce qui est couvert après cela par les maisons particulières , se réduit à bien peu de chose ; et l'on peut ce semble conclure de-là , que le nombre de ses habitans ne peut pas être très-considérable , et que l'élever à douze cents individus , c'est le porter au plus haut point. Des artisans , des marchands occupés du commerce de détail et fixés par les besoins de la garnison , forment le fond de ces habitans Les officiers en petit nombre , attachés au service de la place , un plus petit nombre encore de gens de loi , tel qu'un bailliage borné à la ville et à quatre à cinq villages , a pu y appeller ; enfin deux ou trois négocians , composent toute sa population notable.

Maintenant si l'on compare ce petit nombre de citoyens au grand nombre d'individus que demande l'administration ; si l'on considère qu'il faut huit personnes pour le sevice du directoire ; que ce service exigeant une présence continuelle , force dès-lors à la résidence. Si l'on fait attention ensuite au nombre plus grand encore qu'exige le tribunal , aux gens de loi , aux officiers ministériels que la poursuite et l'instruction des affaires rendent nécessaires. Si l'on réfléchit que tous les citoyens ne sont pas propres à ces fonctions ; qu'il faut, pour les remplir, s'instruire par de profondes études, se briser par une longue et continuelle pratique ; si l'on porte après ses regards sur le petit nombre de ces hommes qui ont eu la volonté et les moyens de se former auprès d'une jurisdiction telle que le bailliage de *Longvi*;*y* , qui ne présente que l'ombre d'un tribunal, l'on demeurera convaincu que réunir les deux établissemens dans un lieu aussi resserré , en étendue comme en population , seroit courir les risques d'exposer la chose publique , pour servir sa téméraire ambition.

On dira que les citoyens propres à la chose se porteront là où sera le centre des affaires. On suppose que le patriotisme , que l'inquiétude, l'activité des talens, que l'ambition ou l'intérêt puissent porter à rompre ces habitudes chères , à briser ces nœuds qui attachent aux lieux qu'on a long-tems habités ; on suppose qu'ils puissent vaincre la répugnance qu'on doit éprouver à se renfermer dans une citadelle , dont le le moindre inconvénient est de priver chaque jour le citoyen de l'exercice d'une partie de sa liberté. Ce premier pas est franchi.

Mais , 1°. n'est-ce pas un gand mal que ce rassemblement dans un seul lieu , de ces citoyens dont la présence ailleurs communiquoit le mouvement et la vie , et dont l'absence doit entraîner la ruine des lieux où ils étoient fixés ?

2°. Où se logeront les émigrans ? Longwy n'a, comme on l'a observé , qu'un nombre de maisons très-borné, et qui peut suffire à peine à sa population ; et d'un antre côté circonscrit, renfermé dans un cercle de remparts, il est impossible qu'il s'étende par de nouvelles constructions. Le premier fruit de la réunion qu'il ambitionne, seroit donc, ou de repousser de son sein ceux que l'adminitration ou le tribunal y appelleroit, ou de forcer ses propres habitans à déserter, pour leur faire place.

On objectera qu'on n'a rien dit de la ville basse ; qu'elle offre des ressources et des logemens commodes ; qu'elle ajoute aux moyens et à la population de la ville.

On répond que Longwy, fermé de remparts, entouré de fossés, ne peut se confondre avec ce qui n'est pas dans son enceinte ; que le village qu'on désigne ici sous le nom de *ville basse*, peut d'autant moins être considéré comme faisant partie de la ville, qu'il en est à près d'un quart de lieue, au pied de la montagne sur laquelle elle est située ; qu'on ne communique de l'un à l'autre qu'au moyen d'une gravitation longue et pénible, durant laquelle on ne rencontre aucune maison intermédiaire.

On répond que le titre de ville qu'on lui

donne n'est propre qu'à en donner une fausse idée ; que sa consistance ne répond point du tout à cette fastueuse dénomination qu'il ne doit qu'au voisinage de Longwy ; qu'il ne peut suppléer au manque de logement dans la ville, parce qu'outre que ses maisons sont basses, mal bâties, incommodes et peu spacieuses, comme le sont la plupart de celles de la campagne, c'est qu'il n'est pas possible d'éloigner des administrateurs et des juges, du siege de leur administration et de leur tribunal.

On répond qu'on n'ignore pas, que la population de cette dépendance éloignée de Longwy, ajoute à sa population apparente, puisque ce n'est qu'au moyen de ce supplément qu'il a pu obtenir cinq électeurs (1) à

---

(1) Il n'est pas inutile de remarquer à cette occasion que la ville de Longwy, répondant en 1787 au programe de l'assemblée provinciale, n'élevoit sa population qu'à 4oo feux ou ménages, dont 8o étoient pauvres.

Ne pouvant suspecter l'exactitude d'une évaluation faite sans motifs pour l'exagérer ou pour l'affoiblir, ne doit-on pas s'étonner que trois ans après elle compte 476 citoyens actifs. C'est à la ville de Longwy à expliquer ce prodigieux accroissement de sa population.

l'assemblée électorale du département ; mais ceci ne rapproche pas davantage les deux lieux , et ne détruit ni la montagne , ni les murs qui les séparent.

La ville basse ne procure donc à Longwy qu'un accroissement de consistance plus apparente que réelle , et ne peut servir ses vues actuelles. Il est donc constant que sous tous les rapports, la réunion dans son sein des deux etablissement ne peut s'opérer.

Aussi la ville de Longwy a bien prévu qu'en manifestant des prétentions au tribunal, elle feroit élever pour les combattre un cri trop juste, pour être vain. C'est dans cette persuasion embarrassante que ses administrateurs ont tenu un conciliabule, dont le résultat a été de se répandre dans une partie des villages du district , pour faire signer, par leurs sollicitations, un vœu apparent conforme à son ambition , sous la forme d'une adresse à l'Assemblée Nationale , conçue et rédigée d'avance (1;.

____

(1) Parmi les personnes qui ont partagé la fatigue de de ces courses , il en est une dont le zèle et la présence contrastoient étrangement avec le caractère dont elle est revêtue. L'on s'absiendra de caractériser fa démar-

Quelques communautés ont signé aveu-
glément, d'autres ont cru obéir à un ordre
émané de l'Assemblée Natienale, et toutes
sans savoir qu'on les choisissoit pour les ins-
trumens d'une pétition ridicule par elle-même, -
et dont le succès ne pouvoit qu'être nuisible
à une grande partie des habitans du district.

Ainsi ces signatures tantôt mendiées,
tantôt commandées, en partie démenties
depuis par des rétractations, sont autant de
preuves de la surprise exercée sur la bonne
foi et l'insouciance des campagnes. Loin
d'être les garans d'un vœu raisonné, conçu
dans la conviction que l'objet en est généralement salutaire, elles n'attestent que les
basses manœuvre de l'intrigue, et d'un intérêt inquiet de sa propre nullité.

Et de quel poids pourroient-elles être in-
dépendamment des circonstances dans lesquelles elles ont été données ? Quel titre,
quelle qualité auroit un maire (1), un offi-

___

che. L'on se contente d'observer qu'il est bien difficile
de ne pas confondre quelquefois les illusions de l'intérêt
particulier avec le bien général qu'on est chargé de faire.

(1) Les agens de la ville de Lovgwy ont été forcés
de se contenter plus d'une fois de la signature d'un seul
de ces officiers, suivant les circonstances et les lieux.

cier municipal , un greffier , pour devenir subitement l'organe de la volonté générale , sans l'avoir consultée, sur un objet aussi important , dans une assemblée préliminaire? sans avoir été légalement autorisé à la manifester ?

Mais c'est trop s'arrêter sur ces signatures , les rappeller, c'est dénoncer l'illégalité, la nullité de la pièce qu'elle devoient appuyer , la vouer à une proscription certaine. Cependant , il est nécessaire d'examiner et de réfuter les prétendus moyens qu'elle renferme , parce qu'ils seront probablement reproduits pour servir de base à la pétition de la ville de Longwy.

Elle n'a pas craint d'exposer qu'elle étoit au centre du district, et d'insinuer que le tribunal lui étoit dévolu par la raison même qu'elle étoit déjà le chef - lieu de l'administration. Ensuite, elle a vanté ses maisons, son hôtel-de-ville , ses auberges, ses quatre foires , son marché, ses ressources, sa garnison , etc. ; et pour donner un contraste à ce tableau, elle a placé Longuion à l'extrémité du district; l'a transformé en un village mal bati , dépourvu de ressources et d'auberges ; a désigné son hôtel-de-ville sous le titre de maison particulière , dont l'embélissement constitueroit le district dans une dépense énorme ; annoncé que les chemins qui communiquent avec elle sont impraticables , que Longuion est un pays montagneux , couvert de bois , etc.

L'infidélité de ce parallelle est trop affectée pour n'être que le fruit d'une erreur. involontaire. Tantôt la ville de Longwy critique dans Longuion de légers défauts qu'on peut lui reprocher avec plus de justice , tantôt elle lui supprime des avantages réels , et s'en créé de chimériques dont l'existance est évidemment imcompatible avec la sienne ; tantôt enfin elle présente , comme des considérations graves , des idées puériles , dont la conception annonce la pénurie de ses moyens.

C'est dans cette classe qu'il faut ranger cette assertion , que les chemins qui communiquent de Longuion avec elle, sont impraticables , et sa conclusion , que le tribunal ne peut être placé dans cette ville. Quand elle a employé cette logique inconcevable, pour captiver des suffrages aveugles, a-t-elle entendu que les difficultés qui, selon elle, fatiguent le voyageur qui se dirige vers Longuion, s'applanissoient par son retour vers Longwy? La centralité qu'elle s'attribue n'est pas moins difficile à définir : en même-tems qu'elle se dit centrale, elle avoue former l'extrémité du district sur les frontières du Luxembourg : c'est donc à la circonférence même du cercle qu'elle en indique le centre.

Si, en parlant des chemins qui aboutissent de toutes les parties du district à Longuion, et les peignant dans le plus mauvais état, elle paroît moins se contrarier elle-même que dans sa critique précédente : elle n'en est pas plus exacte ; d'abord, ces différentes communications sont faciles dans toutes les saisons possibles, et constamment entretenues à raison des forges, et du commerce de fer que les productions de ces usines vont alimenter de toutes parts. En second lieu, la ville de Longwy réveille, par cette critique indiscrette, l'idée d'un obstacle effraiant, placé entre-elle et la majeure partie des habitans du district.

La rivière de *Crune* qui en coupe la partie méridionale en deux , coule entre une double chaîne de montagne escarpées. Recevant à chaque rivage, dans les tems de pluie, la chûté des eaux dont elle se grossit subitement , elle abandonne bientôt son lit , et devient un torrent qui baigne et fatigue le pied de ces montagnes. L'on conçoit qu'il est impossible de la traverser sur un mauvais pont de bois qui sert ordinairement de passage , et qu'elle tient alors enseveli sous ses flots.

Quand ce débordement s'opère, ce qui arrive fréquemment, il faut que les habitans , que leurs affaires appellent à l'autre rive , s'y transporte par un circuit d'une heure au moins, pour éviter le péril certain qui les attend sur le chemin ordinaire. Cet inconvénient , que Villers-la-Montagne partage avec Longwy , ne se rencontre nulle part en allant à Longuion.

Il est donc démontré, par une comparaison sensible, que la ville de Longwy a voulu se faire un moyen de ce qui produit contre elle une raison puisante. En quoi trouvera-t-elle donc une prépondérance pour racheter cette première infériorité? Sera-ce dans *les terreins montagneux, couverts de bois et de ravins*, qui, selon elle, environnent Longuion?

Mais comment Longwy, placé sur une éminence que l'on apperçoit de six lieues à la ronde, environné de précipice et de tout ce que la nature a laissé dans le deuil et l'imperfection, a-t-il osé peindre comme des obstacles et des désagrémens les sinuosité qui varient la surface des plaines voisines de Longuion, les bois qui forment, sur un de ces côtés, des promenades délicieuses, et telles qu'on pourroit les desirer dans les plus beaux pays de la France?

Dans son commerce? cet objet exige quelques réflexions.

Et d'abord, le commerce ne peut être mis en considération, relativement au tribunal, qu'autant que ses rapports entretiendroient, entre Longwy et les justiciables, de fréquentes communications qui feroient de cette ville une espèce de *rendez vous* pour toutes les classes de citoyens : il faut donc examiner si le commerce de Lonwy imprime ce mouvement général, avant d'y attacher quelque poids.

Il est assorti sur les besoins intérieurs de cette ville, et soutenu presque totalement par ceux de la garnison. A partir de là, il est facile de se persuader qu'il consiste généralement en de petits détails de mercerie et d'épicerie, et que les objets plus considérables y entrent pour très-peu de chose.

La position de la ville de Longwy ne lui permet pas des relations plus étendues à cet égard. D'une part, celles qu'elle peut avoir avec le Luxembourg, dont elle forme les frontières, sont indifférentes ici; et de l'autre, les marchands qui se trouvent établis dans plusieurs endrois du district, s'approvisionnent dans les magasins de Metz, de Thionville, de Verdun, jamais à Longwy; et ces marchands, placés de manière à fournir toutes sortes d'étoffes aux habitans de la campagne, les dispensent d'aller ailleurs pour se les procurer. Le commerce de la ville de Longwy n'a donc aucune espèce d'influence hors de ses murs, sur le territoire François; sous ce point de vue, et dans l'intérêt des justiciables, il ne peut donc devenir un motif pour placer le tribunal dans cette ville.

Ses

Ses foires ? Leur dissolution s'opère quatre à cinq heures après leur ouverture, et Longuion en a deux pour balancer en partie celles de Longwy. Longuion a également un marché, une direction de poste aux lettres, une poste aux chevaux ; il a d'ailleurs toutes les commodités que peut offrir la ville de Longwy, et beaucoup d'autres dont elle est privée.

Sa population notable ? Elle n'est pas plus considérable qu'à Longuion.

Ses impositious ? Celles de Longuion excèdent de 1700 livres la contribution de la ville haute de Longwy, et de 22 livres celle des deux villes réunies.

Ses logemens ? Quelque apparence extérieure de plus qu'à Longuion, mais en nombre, en capacité, les logemens de Longwy ne peuvent soutenir la comparaison.

Ses auberges ? La ville de Longuion en compte quatorze à quinze.

Son hôtel-de-ville ? Longwy peut paroître excusable de l'avoir embelli dans la peinture qu'il en a faite, mais rien ne peut justifier la mauvaise-foi avec laquelle il a ravalé le mérite de celui de Longuion, pour

D

insinuer que sa reconstruction péseroit sur
tous les justiciables , et alarmer leur intérêt pour faire seconder le sien. La ville
de Longuion le répête ; cet édifice, en bon
état , bien placé, vaste, n'exige même aucune réparation , et dans tous les cas ,
et dans tous les tems, elle prend l'engage-
ment de subvenir aux dépenses qui pour-
roient être nécessaires à sa plus grande
perfection.

Ses ramparts ? Ils sont inutiles à la sûre-
té des intérêts civils de la société , et seroient
nuisibles aux justiciables. En effet , quand
l'expédition de leurs affaires seroit plus lente
que l'heure à laquelle se ferment les portes
de Longwy, ils seroient forcés de rester en-
sevelis dans ses murs , et d'y faire une dépense qui souvent seroit un sacrifice , en
attendant qu'on leur ouvrit l'accès de la
campagne, etc. etc etc.

Il est tems de terminer des comparaisons
fatigantes autant qu'insipides , que la ville
de Longwy a malheureusement rendues nécessaires, Plus scrupuleuse dans le choix de
ses moyens , et plus véridique dans ses as-
sertions , la ville de Longwy n'auroit pas

essuyé la plus légère contradiction de la part d'un adversaire qui ne sait tirer parti que de la vérité.

Et maintenant que cette vérité porte un jour vrai sur les différens tableaux que renferment ces observations, l'on peut en comparer les objets avec confiance, et se convaincre que les principales raisons de décider, assurent le succès de la demande que fait la ville de Louguion du tribunal du district.

Presque aussi centrale que Longwy, à la veille de l'être beaucoup plus, et de l'être autant que Villers-la-Montagne, par l'exécution infaillible des échanges sollicités par onze villages, elle ne peut craindre à ce sujet l'opposition de l'intérêt général et bientôt elle en obtiendra toute la faveur.

Villers-la-Montagne a dans son sol une source de richesse, où doit se borner son ambition; dans sa composition, des obstacles insurmontables à l'établissement qu'il sollicite, et des dangers dont le public auroit sans cesse à s'allarmer.

Longwy, resserré dans une étroite enceinte, ne pouvant s'agrandir, borné dans sa

D 2

population et dans le nombre de ses maisons, ne comptant d'ailleurs que deux ou
trois hommes de loi, à une garnison qui
attire et fait circuler les richesses dans son
sein ; une administration qu'elle peut con-
server et qui remplace au centuple les avantage d'une jurisdiction restreinte à quatre
ou cinq villages.

Longuion offrant toutes les convenances
qui peuvent appeller et fixer les établissemens publics ; d'un autre côté, n'ayant
presque pour tout territoire que les jardins
qui l'environnent, n'avoit pour se soutenir
que son bailliage et son chapitre ; il les
perd, il perd tout. La demande qu'il fait
du tribunal n'est que le cri du plus pressant
intérêt qui repousse l'anéantissement dont
cette ville seroit menacée.

Il y a entre elle et Longwy cette différence extrême que le tribunal est nécessaire
à l'existence de l'une, tandis qu'il porteroit
chez l'autre une profusion abusive de
moyens. Tandis qu'il attireroit à Longwy
une affluence qui forceroit ses propres citoyens à se transplanter à défaut de logement ; Longuion se changeroit en un de-

sert, ses maisons en masures, et la plupart de ses habitans seroient réduits à l''alternative également cruelle, ou de quitter leurs foyers, ou d'y végéter dans l'infortune et l'inertie. Mais les législateurs, dont ils attendent leur sort, sont justes; ils ne prononceront pas sans nécessité, l'arrêt de mort de de tant de pères de famille.

A PARIS, de l'Imprimerie de CHALON, rue du Théatre-Français, l'an 2.ᵉ de la Liberté.